Tout exemplaire non signé de l'auteur sera considéré comme contrefait.

DISCOURS

SUR

LA SITUATION

LE MANS

TYPOGRAPHIE ED. MONNOYER, PLACE DES JACOBINS, 12

—

1872

DISCOURS

SUR

LA SITUATION

Messieurs,

Il est des temps malheureux où la confusion des idées rend l'opinion publique incertaine, flottante, à ce point de ne savoir sur quoi s'arrêter. Quand toutes les théories ont été épuisées, quand toutes les formes gouvernementales ont été expérimentées, le doute se produit et fait naître des désordres intellectuels bien autrement dangereux que ceux de la rue. C'est le versant des destinées d'un peuple, s'il ne trouve en lui-même l'énergique volonté de faire prévaloir son autorité.

Le principe de la souveraineté nationale, né de notre grande Révolution, ne fait que d'apparaître. Voilà l'étoile que j'indique à vos regards, et qui semble devoir guider vos pas et ranimer vos courages.

Tous nos malheurs proviennent de cette fatale erreur, qu'il peut exister deux souverainetés et qu'il est même bon qu'elles existent pour se faire équilibre. Comme la vérité, la liberté est une. Il n'y a pas et il ne peut y avoir qu'une seule souveraineté : celle de la Nation.

Cette vérité n'est pas nouvelle : ce sera l'éternel honneur de nos pères de l'avoir proclamée. Mais peut-être un jour m'accordera-t-on le mérite d'en avoir relevé l'éclat dans mes discours sur la souveraineté nationale et sur la monarchie élective à vie. Je me suis appliqué, du moins, à en préciser le caractère et les effets, à démontrer comment elle a été longtemps méconnue et, pourtant, toute la confiance qu'elle doit nous inspirer.

Dans ma conviction profonde le principe de la souveraineté nationale sera le salut de la France.

De ce que Paris a eu des convulsions ignorées des capitales les plus populeuses, on en a pris texte pour exagérer les inconvénients d'y laisser le siége du gouvernement. Je ne partage ni les craintes ni les avis exprimés. C'est le défaut d'ensemble des forces nationales qui a toujours donné la prépondérance aux minorités violentes ; c'est le despotisme qui a accumulé dans Paris les éléments de désordre dont il entendait se faire un moyen. — Mais dès que Paris sentira l'influence d'un gouvernement honorable, dès qu'il se reliera, par une bonne organisation militaire, aux diverses autres parties de la France, les fauteurs de troubles ne seront à craindre nulle part. Il est préférable de laisser à Paris toute sa splendeur de capitale : son illustration sera d'autant plus certaine, qu'on y sentira le mal impuissant. En aucun lieu ne se manifeste autant de spontanéité dans l'expression des idées généreuses. Paris n'a point de préjugés. Sans doute la vie n'y est point différente de ce qu'elle est ailleurs; sans doute l'intelligence, le sens droit, le patriotisme ne sont pas son apanage exclusif. Mais ce qu'on peut dire à son éloge, c'est que quand une idée saine, juste, lui apparaît, il l'adopte avec une sensibilité qui lui imprime un caractère tout particulier. C'en serait fait de la liberté, si Paris ne s'en était montré le gardien le plus vigilant. Je partage les sentiments de Montaigne qui aimait Paris; il l'appelle la gloire de la France et l'un des plus beaux ornements du monde. Malgré ses malheurs, qui ne peuvent être imputés qu'à des machinations infernales, Paris restera le flambeau de la civilisation.

Je crois à la nécessité de grandes réformes dans nos institutions, mais seulement par voie d'amendement et simplification ; car la simplicité est le fruit de l'expérience. C'est le plus haut degré de perfection auquel puisse atteindre la science gouvernementale. Aussi mon programme est simple : une monarchie élective à vie. « Cette « forme de gouvernement, ai-je dit, renferme la puis- « sance nationale la plus étendue, représentée par un chef « à vie, une magistrature à vie, une administration sage- « ment hiérarchique, avec une large périodicité des « pouvoirs législatifs. » Voici en quatre lignes une constitution qui résume les tendances des siècles; elle se rapproche des institutions générales de l'Europe et présente, sous ce rapport, de sérieuses garanties de stabilité; elle s'appuie sur le suffrage universel. Mais comme le suffrage universel a brusquement devancé la marche progressive des lumières, qu'il est venu sans transition et sans préparation aucune à l'usage que le peuple était appelé à en faire, j'incline pour qu'il soit à deux degrés, de manière à lui faire produire tout ce qu'il peut produire en force numérique et en autorité morale. Nous ne pouvons rester dans cette condition du suffrage direct qui nous force à voter pour des hommes que nous ne connaissons pas, dont nous ne sommes à portée d'apprécier ni l'honorabilité, ni les vues et les aptitudes politiques. Le sentiment intime de l'acte que nous accomplissons nous échappe. Notre vote est machinal, inconscient, sans moralité. Cette étrange anomalie a pour conséquence : l'indifférence et le dédain pour l'accomplissement d'une obligation où le rôle de la volonté individuelle est le plus souvent soumis au jeu occulte de passions inavouables ; enfin le despotisme. Telle est la véritable cause de ces innombrables abstentions contre lesquelles on propose si ingénûment des pénalités. N'est-il pas plutôt permis de s'étonner qu'un système si défectueux puisse être encore considéré comme une merveilleuse conquête ? Je le regarde, moi, comme un péril pour la liberté. Au premier degré, chacun, dans sa commune, peut faire acte de discernement et de libre arbitre en fixant son choix. Cette préférence a déjà quelque chose qui ennoblit tout à la fois l'électeur et l'élu. L'épuration du suffrage augmente au second degré. Là se produit l'effet des grandes réunions d'hommes, une certaine crainte, une certaine réserve, une certaine dignité. Les amours-propres souffrent par comparaison. La fougue ronge son frein ; l'intrigue est timide. On est mandataire ; on a un devoir à remplir. On en comprend mieux l'importance par les nombreuses compétitions. Les idées grandissent de l'importance des questions générales. L'intérêt personnel s'affaiblit, l'intrigue devient suspecte, et tandis qu'autour de soi mille passions s'agitent, on a devant les yeux la patrie. Chacun peut bien, tour à tour, subir l'influence des faiblesses humaines, mais pour finir par ne plus envisager que l'intérêt commun.

Le droit de suffrage, aussi bien au premier degré qu'au second, est un droit considérable, dont l'exercice semble devoir être subordonné à l'obligation pour tout citoyen d'être armé et équipé militairement à ses frais. Pour exercer noblement un pareil droit, il faut être en état de le soutenir. De cette façon, notre système politique aurait son point de départ dans le régime militaire le plus économique et le plus vaste que nous ayons jamais eu. C'est le règne des majorités intelligentes. [Autrefois il suffisait d'un sabre pour gouverner; aujourd'hui, il faut, de plus, la science et le droit. Je ne reconnais à aucun parti, quelque violent qu'il soit, le droit de s'imposer à la France et de lui dicter des lois. Le moment est venu pour chacun d'exprimer son opinion et ses vœux. Mais honte et malheur à ceux qui prétendent les faire prévaloir par les armes ! leur crime est de violer les principes de liberté qu'ils invoquent. Arrière ces étrangers pour qui la France n'a jamais été qu'une terre exploitable. C'est bien assez de la cruelle nécessité dans laquelle l'ont jetée les dissensions civiles, de s'imposer des chefs qui ne sont pas de son sang. Mettez dans la balance et la gloire et la honte : la gloire que nous avons si chèrement payée, la honte que rien n'efface, et dites s'il est encore possible de songer à l'empire. Pour un pays comme la France, placé à la tête du monde civilisé, le malheur est moins d'avoir failli dans la guerre que de l'avoir déclarée ; mais ce n'est pas là une faute qui puisse lui être imputée. Cette faute est la conséquence inévitable de combinaisons insensées et d'une politique inqualifiable. La guerre déclarée, on a voulu en rejeter la responsabilité sur la nation. Les excitations sont sorties des régions officielles. On a fait naître un enthousiasme factice qui a trompé l'Europe sur les dispositions de la France qui ne demandait que la paix. L'Europe comprend maintenant que la confiance de la nation française a été indignement trahie. Car même avec l'idée d'un grand succès, la guerre était un crime contre l'humanité. Elle était une absurdité politique, en ce que le triomphe devait nécessairement nous créer une prépondérance qui eût ameuté contre elle toutes les susceptibilités et toutes les haines de l'Europe. Oui, la guerre a été odieuse, et c'est notre pauvre pays qui en supporte le poids.

Doit-il accepter sans protestation une situation plus humiliante qu'aucune de celles que rappelle son histoire ? N'est-il pas, au contraire, de sa dignité d'apprendre au monde, par un grand exemple, qu'un juste châtiment attend les ambitieux qui se jouent du sort des peuples ? Quoi ! un simple mandataire est responsable de son imprévoyance, de son incapacité et des dommages qu'elles ont occasionnés, et pour les dictateurs seuls serait l'impunité ? Est-ce que tous n'ont pas cherché à se couvrir de la gloire des armes, au prix du sang humain ? Il n'y a pas de génie qui puisse justifier un pareil crime.

La constitution de 1870 et la régence ont établi entre tous les membres de la famille Bonaparte des liens de solidarité qui les rendent responsables de tout le préjudice qu'ils ont causé à la France. Celle-ci aura à examiner si elle ne doit pas leur interdire pour toujours le sol sacré de la patrie. — Il ne faut pas confondre les proscriptions, qui sont l'œuvre des partis, avec les décisions de l'autorité souveraine d'un peuple qui veut venger son honneur et assurer son salut. Dans les gouvernements véritablement libres, on ne proscrit pas, on punit.

Du moins, dans ses infortunes, c'est un soulagement

pour la France de sentir qu'elle n'a participé, *proprio motu*, à aucune de ces combinaisons désolantes qui ont porté atteinte aux lois de l'humanité, à la dignité et à la sécurité des autres Etats. Aussi l'Europe l'a considérée, *à part de son gouvernement*, et a honoré ses revers des plus touchantes sympathies.

Une gloire immortelle eût été acquise aux citoyens courageux qui, au péril de leur vie, ont reconquis, le 4 septembre 1870, les libertés publiques, s'ils en avaient mieux compris le caractère. Ce n'était pas au profit d'un parti que cette conquête devait être proclamée, mais au profit de la nation. La seule qualification légitime du nouveau gouvernement était celle de la Défense nationale. La République imposée de vive force a été une faute à jamais regrettable, et dont les conséquences funestes ont de beaucoup diminué le mérite de l'œuvre de la régénération de la France. La forme et le fond de la nouvelle organisation politique devaient être laissés aux libres vœux de la nation. En faisant prévaloir l'esprit de parti, les républicains ont prouvé qu'ils ne s'étaient point instruits aux leçons du passé, et que la souveraineté nationale, au nom de laquelle ils agissent, n'est toujours pour eux qu'un vain mot. Ce n'est pas qu'il n'y ait eu parmi eux de nobles élans, de généreuses intentions, mais tout cela n'a pu avoir la sanction du droit. La nation seule peut conférer la puissance publique. Quoi qu'on puisse dire de la prédestination des minorités, elles ne représentent jamais que la volonté de quelques-uns s'imposant à la volonté du plus grand nombre. Tout apôtre peut vouloir répandre la lumière sur le monde, et y faire régner la justice ; il n'est pas de tyran qui n'ait eu la prétention de faire le bonheur de ses peuples ; il n'est pas de tribun, pas un seul homme d'Etat qui n'ait rêvé la grandeur du pays qu'il aspirait à gouverner : le moi humain tend à prédominer partout. Mais s'élevât-il aux nues, il ne saurait revêtir le saint caractère du droit. Cette vérité est encore ignorée de notre société, qui n'a connu, jusqu'à présent, que le triomphe alternatif des partis.

L'intérêt prussien a été plus clairvoyant. « Je n'entends « pas, a-t-il dit, contracter avec un parti, mais avec la « France ; qu'elle nomme des représentants pour traiter « de la paix. »

Etrange phénomène du despotisme s'inclinant devant l'autorité souveraine d'un peuple réduit aux abois ! C'est donc quelque chose qu'un peuple ? Il y a cent ans on ne s'en serait pas douté.

La paix a été faite aux plus dures conditions, telles qu'on devait les attendre d'un vainqueur avide. La France y a apposé son nom par l'organe d'un gouvernement créé au sein d'une Assemblée nationale. Alors la France n'était pas maîtresse de ses destinées ; un grand nombre de ses départements étaient envahis ; il ne pouvait venir à l'idée de personne de conférer à l'Assemblée des pouvoirs organiques et constituants ; la question vitale était la paix. Les conditions en furent confiées à l'Assemblée dans les limites de la législation. Il fallait une loi pour ratifier le traité : cette loi eut lieu. Mais pour y parvenir, une série de mesures conservatrices étaient indispensables, et il appartenait aux représentants de la nation d'y pourvoir. La puissance souveraine s'exerce par deux modes dont les caractères sont parfaitement définis par notre droit public : l'un constituant et organique quand il s'agit des bases du contrat social ; l'autre purement légiférant, quand il ne s'agit que de l'exercice de la vie civile et politique. Qu'a voulu la Prusse ? Traiter avec l'être moral et collectif qu'on appelle la France, mais non pas avec telle ou telle institution gouvernementale. La Prusse sait quel fond on doit faire de ces appellations d'Empire, de République, de Monarchie ; elle s'est bien gardée de rien préjuger du choix du gouvernement que la France serait appelée à se donner.

L'Assemblée nommée, partie selon les règles de la Législative, partie selon les règles de la Constituante, a été amenée par une sorte de compétition, à se déclarer constituante. Il n'y a pas à revenir sur ce fait, soumis d'ailleurs à certaines réserves. Mais la question de droit n'en reste pas moins palpitante. Une véritable émotion s'est emparée des consciences et y entretient un trouble pénible. On ne doute pas que la puissance souveraine ne réside dans la représentation nationale pour le but qui lui est assigné ; mais on ne doute pas non plus de l'absence complète de toute mission en vue de constituer un gouvernement définitif. C'est au nom de la France, au nom de l'intérêt commun, que s'est formée cette admirable entente de toutes les opinions, de tous les partis, pour réparer et conjurer les maux de la patrie. Cette majorité, qu'on a appelée gouvernementale, eût été mieux nommée nationale. Ç'a été un grand acte d'abnégation, de dévouement. Chacun a voulu s'oublier pour ne songer qu'à la patrie. Mais s'ensuit-il que les partis aient abdiqué ? La réponse est au fond de la conscience de chacun. D'accord sur les nécessités du moment, ils se sont réservé d'en appeler au pays. Les impatients veulent que cet appel ne soit pas différé ; les sages opinent pour un ajournement favorable à l'apaisement des passions et

à la maturité du vote national ; ceux qui, pour conquérir
le pouvoir, ne reculent devant aucuns moyens, insistent
pour une prorogation indéfinie de l'Assemblée. Ils espè-
rent, à la faveur de renouvellements partiels, rendre
définitif ce qui n'est que provisoire, engrener la République dans le rouage électoral et confisquer ainsi, au
bénéfice de leurs idées, toute grande manifestation des
vœux de la nation. Ce calcul est aussi contraire à la
liberté qu'au caractère français, qui s'honore particuliè-
rement de la loyauté. D'autres enfin voudraient consulter
la nation sur la question de Monarchie ou de République,
en réservant à l'Assemblée le droit organique. L'expérience des appels plébiscitaires nous apprend quel sentiment inconscient ont les masses de leur condition
politique. Pourquoi République ? Pourquoi Monarchie ?
Et quand elles auront fait leur choix, qui pourra dire
pour quelle république ou quelle monarchie elles auront
opté ? On ne compte pas moins de cinq modes de république, et trois espèces de monarchie. — Quel sera l'em-
barras de l'Assemblée lorsqu'il s'agira de se prononcer
sur la forme indiquée ? Quelle sera sa responsabilité si
elle ne répond pas au vœu général ? Quelle autorité aura
sa décision si ses pouvoirs constituants lui sont contestés ?
— Le peuple ne peut exercer sa puissance que par la
représentation. — C'est donc à ses représentants seuls
qu'il appartient de combiner et de trouver les moyens les
plus propres à assurer le salut commun. Toutes les
combinaisons personnelles, placées sous l'œil de la saga-
cité moderne, ne sauraient échapper à ses sévères criti-
ques. Le temps des personnalités est passé.

Napoléon Ier a bien songé un instant au rôle de
Washington, mais il n'a pas tardé à reconnaître la difficulté

de transformer une ancienne monarchie en république. Il
a compris combien était plus avantageuse à son ambition
une autorité sans limite. Il a réalisé le rêve d'un ambitieux aux dépens de la liberté. Mais la liberté l'a renversé
à son tour, et, depuis, elle s'est fait jour à travers tous
les obstacles. La lutte, maintenant, est entre elle et
l'absolutisme.

L'absolutisme est la volonté et l'autorité d'un seul. La
liberté est la volonté et l'autorité de tous. L'absolutisme,
vieux comme le monde, est un joug que toutes les
sociétés s'efforcent de secouer. La liberté est le grand
problème social que nos meilleurs esprits et nos plus
illustres écrivains ont appelé de tous leurs vœux et dont
ils poursuivent la réalisation. Il y a dans les sociétés, en
général, deux éléments extrêmes qui en sont, pour ainsi
dire, les antipodes : l'absolutisme et le communisme ; la
théocratie et le matérialisme ; le joug des prêtres et les
désordres du phalanstère : adversaires éternels, impla-
cables, dont la durée est dans les secrets de la Providence.
Ainsi que nos pôles terrestres presque inaccessibles à
l'existence humaine, nos pôles sociaux sont inabordables
à la vie politique. Ce sont comme deux grands môles
possédant chacun une certaine puissance d'attraction,
mais destinés à contenir entre eux les principes vitaux
des peuples. Il convient à la sagesse des législateurs
d'équilibrer les destinées des Etats de manière à éviter
les écueils des extrêmes. En résumant son *Histoire de la
civilisation*, M. Guizot a très-bien expliqué cet équilibre :
« Il n'y a, a-t-il dit, que la liberté générale de tous les
« droits, de tous les intérêts, de toutes les opinions, la
« libre manifestation de toutes ces forces, leur coexis-
« tence légale ; il n'y a, dis-je, que ce système qui puisse

« restreindre chaque force, chaque puissance, dans ses
« limites légitimes, l'empêcher d'empiéter sur les autres,
« faire, en un mot, que le libre examen subsiste réelle-
« ment et au profit de tous. » Pour ce grand écrivain, la
civilisation n'est pas dans le triomphe d'un parti, mais
dans le développement politique et social des peuples,
dans le développement intérieur et moral de l'homme. Il
voit dans les institutions libres une garantie non-seule-
ment de la sagesse des gouvernements, mais encore de
leur durée.

Or, comment se fait-il que l'éducation en France soit
encore dirigée vers les principes de l'absolutisme? comment des gens intelligents sont-ils conduits à se jeter
dans le socialisme? De là deux courants contraires qui
neutralisent tout élan, tout progrès. Différerons-nous
donc d'avoir une forte éducation nationale empreinte de
toutes ces bonnes et encourageantes maximes, fruits des
grandes luttes intellectuelles des siècles, et que la
civilisation, dans sa marche, offre à la raison humaine?

Inutile de demander aux partis le sacrifice de leurs
convictions, de leurs sympathies, mais qu'ils comprennent
bien leur situation, aucun n'est assez fort pour conduire
les autres. On ne voit que le patriotisme, cette sublime
vertu, qui soit capable de les rallier tous à une grande et
saine majorité nationale, non pas comme à un parti, mais
comme à la suprême raison des sociétés. Toute la science
de notre époque consistera à la former, cette saine
majorité. Législateurs, c'est à vous qu'en reviendra la
gloire !

Mère du crime et des mauvaises passions, l'ignorance
est aussi la source de ces propositions captieuses qui font
la fortune des tribuns.

Que n'a-t-on dit de l'impôt du sang? Qui donc jusqu'ici l'a supporté, cet impôt? La noblesse française est veuve de ses jeunes courages ; les rangs de la bourgeoisie ont été décimés. Est-ce donc le peuple qui l'a seul acquitté? Est-ce là seulement que la guerre a trouvé ses victimes? Qui donc n'a pas eu sa part de dévouements et de martyrs? Quelle expédition n'a vu tomber, auprès du paysan, la fleur de nos écoles?

L'impôt du sang! mais nous l'avons tous payé! Il n'est pas un coin de la France qui n'en porte le deuil.

Le service militaire, en temps de guerre, appelle tout le monde sous les drapeaux : il devient général. Alors les classes éclairées donnent tout : bras, intelligence, argent. La classe qui n'a que ses bras, ne donne que cela, c'est beaucoup sans doute ; mais de quel côté est la grandeur du sacrifice? Pendant la paix, le champ de bataille des études voit s'éteindre par milliers des existences préparées à grands frais pour l'honneur et la prospérité de l'État. Qui donc fournit cette hécatombe à la patrie? Est-ce la chaumière ou l'atelier?

Nous avons encore la faiblesse de prendre pour le courant irrésistible des idées de vieilles théories, des opinions spécieuses, des thèses vides de sens, réminiscences ou aberrations autour desquelles se groupent les oppositions. Ne nous habituerons-nous pas à réfléchir et à puiser en nous-mêmes le courage qui fait repousser le mal avec indignation?

La dette hypothécaire a été mille fois présentée comme une charge très-lourde pour la propriété foncière. En réalité elle n'affecte en rien la propriété; elle n'est qu'une pure fiction, ainsi que je l'ai démontré dans mon discours sur les mutations par décès. J'en renouvelle l'assurance et offre de résoudre publiquement cette importante question. L'impôt sur le revenu a été mis en avant comme un phare destiné à éclairer la marche de nos finances. C'est une pure contrefaçon d'anciennes charges publiques. La définition du mot générique *revenu* est encore à faire et, quand elle sera faite, on s'apercevra que rien ne serait plus inégal et plus inique qu'un pareil impôt. Que sais-je? La prohibition du remplacement militaire? comme si tous les services ne se résument pas en salaires! comme si toute chose n'a pas son équivalent!

Il n'y a qu'une chose dont l'homme vivant en société ne puisse s'exempter, c'est du devoir du citoyen. Or, le premier devoir du citoyen est de défendre sa patrie et son foyer, quand ils sont menacés. Ce cas excepté, l'exonération du service militaire doit être facultative; puisqu'elle ne peut avoir lieu qu'en vertu d'un libre concours de volontés, elle rentre dans la classe des contrats civils les plus licites.

J'ai cherché à bien faire saisir cette distinction dans le projet d'organisation de nos forces militaires, que j'ai l'honneur de mettre sous vos yeux.

Les ressources financières de la France, appliquées à un tribut de guerre sans exemple, ne lui permettent plus d'entretenir une armée nombreuse, pas même en rapport avec les nécessités les plus impérieuses de sa propre conservation. Un effectif sérieux de deux ou trois cent mille hommes est peut-être le chiffre le plus élevé auquel elle puisse atteindre, et, de longtemps, on ne saurait prévoir une situation meilleure. Eh bien! en présence d'ennemis dont les tendances envahissantes ne sont que trop manifestes, il est incontestable que cette force militaire est insuffisante pour garantir notre dignité et notre sécurité. La prudence la plus ordinaire nous commande de chercher un secours capable de suppléer un trésor vide et de nous offrir des éléments considérables de résistance. Ces éléments, nous pouvons les demander au dévouement de tout le monde. On ne sait pas assez ce qu'il est possible d'obtenir de l'initiative personnelle. Il y a là une mine de richesses nationales encore inexplorée. Telle est la donnée bien simple de l'organisation militaire que je propose.

Nos forces militaires se diviseraient en deux parties : l'armée active et l'armée auxiliaire.

L'armée active se composerait de volontaires, de conscrits, de remplaçants dans la proportion du faible contingent annuel qui serait nécessaire pour compléter l'effectif ; on observerait à cet égard la loi de 1832. Le remplacement militaire, lorsque le but en est honnête, est une libre entreprise que je trouve bonne, légitime, en ce qu'elle offre à celui qui n'a que ses bras, la possibilité d'acquérir deux choses précieuses, un certain degré d'instruction et un capital. Ces avantages ont été souvent d'un puissant secours pour des familles nombreuses ou peu aisées. Il est d'ailleurs permis de croire que les enrôlés volontaires ne manqueraient pas à l'armée, si chacun, dans la proportion de ses facultés et de son mérite, était certain d'y trouver une carrière aussi avantageuse qu'honorable. Il faudrait même qu'aucune carrière ne fût préférable. Cette armée serait entièrement à la charge du budget. Elle serait répartie en seize grands commandements qui embrasseraient les contingents de l'auxiliaire.

L'armée auxiliaire comprendrait tous les hommes de

vingt à quarante ans. Elle serait organisée par département-
ment, tout individu serait tenu de s'armer et de s'équiper
militairement à ses frais. De prime abord, cette proposi-
tion pourra paraître exorbitante. On dira que la charge
serait très-lourde et que beaucoup d'inscrits n'y pourront
suffire. Je suis d'un avis contraire. Je soutiens que si, au
prix de l'équipement militaire, les moins aisés voulaient
consacrer, chaque année, ce qu'ils dépensent futilement,
il y a peu d'hommes de vingt à quarante ans qui ne
pussent, dans un assez court délai, parvenir à se procurer
cet équipement. Le problème à résoudre consiste à
obtenir avec de faibles ressources une force collective
considérable. Autrefois, on tenait à honneur de posséder
de bonnes et belles armes. Elles faisaient partie de la dot
d'un grand seigneur. Il ne serait pas difficile de ranimer
chez nous le goût des armes et des chevaux. Les folies
du luxe n'auraient pas beaucoup à en souffrir. La richesse
des familles n'en serait pas diminuée. On ne ferait qu'ap-
pliquer aux soins de sa propre défense ce qui, jusqu'à
présent, n'a servi qu'aux jouissances de l'amour-propre.
Les collectes, les dons volontaires, les amendes pour
infraction aux règlements pourvoiraient à l'insuffisance
des moyens d'armement.

L'armée auxiliaire nommerait ses chefs, jusqu'au grade
de capitaine. Ceux-ci seraient tenus d'acquérir les connaissances nécessaires à cette position, sous peine de se
voir adjoindre un adjudant de l'armée.

L'armée active serait en réalité chargée de l'éducation
de l'armée auxiliaire, le meilleur moyen peut-être d'oc-
cuper utilement les officiers, de fortifier leurs études,
d'établir les liens sérieux d'affection et de discipline entre
les deux armées.

L'armée active aurait le cadre général de chaque arme, de façon à fondre dans les corps susceptibles d'entrer en campagne les divers contingents nécessaires. Le commandement supérieur appartiendrait à l'armée active, où, par la force des choses, se trouveraient réunies au plus haut degré la capacité et les connaissances militaires.

Les contingents départementaux ne coûteraient absolument rien au Trésor. Leur entretien serait considéré comme une charge personnelle du citoyen : c'est une dignité qui exige bien quelques sacrifices.

L'instruction militaire commencerait dès l'âge de quinze ans, tant dans les écoles primaires que dans les colléges et les lycées. Les jeunes gens seraient simplement exercés aux marches, manœuvres, et à l'étude de la théorie. C'est un devoir d'apprendre de bonne heure à défendre son pays. L'instruction militaire serait obligatoire. Les arts d'agrément et les arts utiles peuvent marcher de front. On peut avoir un professeur d'armes comme un professeur de musique. A vingt ans, cette éducation serait assez avancée pour que ceux qui auraient à la faire chez eux fussent dispensés de s'éloigner de leurs foyers. Ceux qui auraient négligé cette éducation, ou qui n'auraient pu se la procurer, devraient aller la prendre dans les rangs de l'armée active.

Ce système aurait ce bon côté de ne point enlever des jeunes gens à des études scientifiques d'une grande importance pour différentes carrières, et de laisser à l'agriculture et à l'industrie tous les bras et toutes les aptitudes dont elles ont un si grand besoin, enfin d'avoir la nation tout en armes, et toujours soigneuse de ses foyers et de son honneur.

Au delà de la limite de quarante ans, il se formerait des corps spéciaux qui, bien que relevant de l'armée, en temps de guerre, jouiraient de leur initiative en temps de paix, et nommeraient leurs chefs. Ils n'en composeraient pas moins une armée qu'on nommerait départementale. Un corps de chasseurs pris dans les rangs les plus éclairés aurait la mission d'unir entre eux les divers corps par des liens fédératifs. On sait que l'absence de tout lien fédératif a été la cause de l'extrême facilité avec laquelle l'invasion a pénétré dans nos départements, où, sans cela, elle eût trouvé d'insurmontables obstacles.

Chaque département aurait ses ambulances, ses services sanitaires auxquels seraient attachés les ecclésiastiques, ses magasins de munitions et de poudres sous la direction et la surveillance de l'artillerie de l'Etat.

Des exercices périodiques par commune et des revues annuelles par cantons réunis donneraient aux contingents de l'auxiliaire une habitude suffisante du tir et des manœuvres. — Des primes seraient accordées au tir.

Dans les conditions où nous a placés la Providence, il s'agit moins de former une armée en vue de l'attaque que *d'organiser un peuple pour sa défense.* Quand ce peuple a l'honneur de marcher à la tête de la civilisation, il ne doit pas songer aux conquêtes ; mais il a le droit et le devoir de réprimer celles qui viennent du dehors, et de leur opposer une barrière. On ne saurait trop faire comprendre la cause de notre infériorité. En Prusse, le pouvoir, s'appuyant sur la force numérique, n'a pas craint d'armer tout le monde. En France, le pouvoir, toujours ombrageux, a complétement désarmé la nation. Les destinées de celle-ci se sont ainsi trouvées dépendre entièrement de la démoralisation de l'armée et du sort d'une bataille. Puisse cette douloureuse expérience nous servir de leçon !

Si mon plan était adopté, il aurait pour effet immédiat de retremper fortement le caractère national et de donner une nouvelle et très-vive impulsion à tous nos grands établissements industriels.

Il est déplorable de voir tant de conceptions, tant de soins diligents appliqués aux plus sûrs moyens de destruction de la race humaine. C'est une monomanie que j'ai qualifiée d'idiotisme furieux ; mais enfin le mal est là, on ne peut le nier. Il prend sa source dans ces deux vices de l'enfer : l'orgueil et l'avidité, qu'on ne peut guère espérer guérir. Il n'est possible, paraît-il, d'être un génie qu'au mépris de l'humanité. Fourbes qui enseignez dans vos lois le respect du voisin, vous en méditez la ruine ; vos discours sont pleins de protestation de paix, et les cours infernales n'ont jamais eu de combinaisons plus effrayantes que celles qui sortent de vos nocturnes méditations ! La belle science que vous avez là ! Oui : c'est une belle science de savoir conduire ces grands troupeaux qu'on nomme des peuples à ces grandes tueries qu'on appelle batailles ! Mais le temps n'est pas loin où vous serez sévèrement jugés par cette même histoire qui vous a jusqu'ici décerné des couronnes. On refera l'histoire, et de sublimes courroux vengeront l'humanité !

On eût traité de rêveur, il y a cinq ans, celui qui aurait osé parler d'une nouvelle ère d'invasions. Cependant cette ère s'est ouverte par des événements inouïs qui ont rompu l'équilibre de l'Europe : bien insensé celui qui en douterait aujourd'hui ! Le despotisme a créé en Allemagne une puissance militaire redoutable, dont les ramifications s'étendent sur l'Italie et l'Espagne, et dont nous avons tout à craindre. Le Nord regorge d'hommes aguerris, prêts à s'élancer sur des torrents de vapeur ; ni fleuves, ni montagnes ne sauraient les arrêter ; en quelques jours, une grande partie de l'Occident peut subir un cataclysme effroyable. Ce n'est pas un rêve, c'est un pressentiment. Malheur à nous, cent fois malheur, si nous ne savons pas nous prémunir contre les dangers qui nous menacent, par une organisation militaire formidable et par un sage gouvernement !

CH. DESBANS,

Directeur de l'Enregistrement et des Domaines, au Mans.

15 Décembre 1871.

APPENDICE

CONSTITUTION SOMMAIRE

La première condition de toute grande association politique est une constitution : le tabernacle du droit. Tout doit dans une constitution découler d'un principe unique dont les conséquences se formulent ensuite par quelques règles fondamentales.

La plupart de nos constitutions ont admis la dualité de la puissance. Quelques-unes, au contraire, l'ont unifiée en une assemblée souveraine, où tous les pouvoirs se sont trouvés confondus, législatif et exécutif. Ce dernier, considéré d'abord comme le serviteur de l'autre, a toujours fini par en devenir le maître, et cela s'explique par l'effet de la concentration en ses mains de la force publique. J'ai cherché à éviter ce danger dans le projet de constitution que voici :

La société française adopte pour base de ses institutions le principe de la souveraineté nationale.

Cette souveraineté est représentée par deux délégations : l'une, chargée de faire les lois ; l'autre, d'en assurer l'exécution. Elles prennent la qualification de pouvoir législatif et de pouvoir exécutif.

Le pouvoir exécutif est conféré à vie, par une assemblée spéciale appelée constituante : le nombre de ses membres est de 750. La constituante est formée par des élections à deux degrés. Son choix ne peut porter que sur un sujet français.

Le chef élu prend le titre de Roi ; il a le droit de grâce et l'administration générale du royaume. Son action sur l'armée est la même que celle qu'il exerce sur la justice, l'instruction, les finances, etc. ; il ne la commande pas. Pour l'éclat de sa dignité, il a le choix d'une garde d'honneur de quinze cents hommes pris dans les rangs de l'armée, au roulement de laquelle elle participe : elle est composée des différentes armes et sert d'école d'application pour les découvertes et les expériences intéressant la science militaire. Une dotation annuelle de six millions est accordée au Roi, ainsi que la jouissance d'un palais d'été et d'un palais d'hiver dont l'entretien est supporté par le budget. Les frais de réception et d'hospitalité des princes étrangers sont également à la charge de l'État. Le Roi s'adjoint des ministres nécessaires à l'expédition des affaires. Les ministres sont responsables, leur traitement est fixé à cent mille francs. Les sous-secrétaires d'Etat sont également à la nomination du Roi ; ils reçoivent un traitement de trente mille francs et sont logés, comme les ministres, au ministère.

Chaque année le Roi, dans un message, expose la situation générale du pays, rend compte des effets de la législation, indique les améliorations dont elle est susceptible, formule ses vœux pour tout ce qui concerne le bien public.

L'armée est nationale, tous les citoyens de vingt à soixante ans en font partie ; nul ne peut exercer le droit électoral s'il n'est ou n'a été inscrit sur les rôles de l'armée.

Le pouvoir législatif est conféré à des députés nommés par des élections à deux degrés, composant une assemblée législative. Cette assemblée, dont les membres sont au nombre de cinq cents, est nommée pour sept ans; elle est permanente, renouvelable en totalité. Elle jouit chaque année de deux mois de vacances; une indemnité de douze mille francs est allouée aux députés. L'assemblée a l'initiative des lois qu'elle fait élaborer au sein de ses commissions et qui ne peuvent être présentées qu'après une épreuve de tous les bureaux réunis en comité secret.

Toutes les lois et l'exposé des motifs sont inscrits au *Bulletin des lois*, lequel reste constamment ouvert au siége officiel des communes.

Les matières auxquelles s'appliquait l'ancien droit administratif sont déférées à la justice ordinaire, selon les règles de la compétence.

La magistrature est à vie. L'administration de la justice est une, comme la justice elle-même. La justice connaît de toutes les infractions aux lois civiles et militaires; elle connaît de toutes les contestations entre les particuliers. Les tribunaux civils ont un personnel en rapport avec leurs nouvelles attributions. Les juges de paix appartiennent à l'ordre administratif; ils ont des assesseurs.

La Cour des comptes est à vie. Ses attributions sont étendues de l'examen des comptes publics aux investigations du légitime emploi des sommes votées par le Corps législatif pour tous les services publics et à l'exécution de tous les grands marchés passés par l'Etat. Elle rend compte à l'Assemblée législative de tous les abus

pouvant engager la responsabilité ministérielle. L'Assemblée renvoie, s'il y a lieu, les coupables devant la justice.

Le principe de la famille étant un des pivots de la
société, commande la conservation du patrimoine dans les
limites légales de la parenté.

La constitution civile des citoyens étant le point de
départ et la garantie de tous les liens sociaux, l'état
civil est élevé au rang d'institution du premier ordre.
La délivrance des expéditions des actes de l'état civil aux
familles intéressées est obligatoire.

L'instruction publique est nationale. Il ne peut être
pourvu aux fonctions publiques qu'en vertu de brevets
de capacité délivrés par l'Université.

L'administration est hiérarchique, et au choix, dans
les limites des capacités requises.

Le Domaine représente l'Etat dans l'administration de
tous ses biens et dans les instances y relatives.

Les départements sont représentés par des conseils
généraux nommés pour cinq ans par l'élection à deux
degrés ; ils ont à leur tête des administrateurs généraux
choisis par le gouvernement.

Les conseils généraux ont la surveillance, et connaissent
de tous les intérêts départementaux. Les départements
sont assimilés aux particuliers quant à la faculté d'acquérir et de posséder ; ils sont soumis aux mêmes charges,
mais ils ne peuvent s'imposer extraordinairement qu'en
vertu d'une loi. Les mêmes dispositions s'appliquent aux
communes.

Placés au centre des populations dont ils tiennent
leur mandat, les conseils généraux sont à portée d'en
étudier les besoins et peuvent recevoir leurs vœux et
leurs réclamations. Le droit de pétition s'exerce devant

eux en premier ressort. En cela ils tiennent de la constitution une portion de l'autorité publique et ils l'exercent avec le concours de tous les agents de l'Etat dans les départements.

Les conseils généraux peuvent émettre toutes sortes d'avis en matière politique, économique, science, commerce, industrie, finances ; mais leurs avis n'engagent en rien l'Assemblée législative, qui ne les reçoit qu'à titre de renseignements et de documents. Elle transmet aux ministres ce qui est de leur ressort, et ne conserve que ce qu'elle peut utiliser.

Les vœux, délibérations et rapports des conseils généraux sont transmis au Ministre de l'Intérieur par les administrateurs généraux qui y joignent leurs observations et leur avis.

Les conseils généraux étant ainsi des institutions destinées à former des hommes éminemment capables et propres aux affaires publiques, sont accessibles à vingt-cinq ans. Les fonctions de conseiller sont incompatibles avec celles de député.

Les maires réunissent la double qualité d'administrateur communal et d'officier public *dont les pouvoirs lui sont directement conférés par la constitution*. Ces magistrats sont choisis par le Conseil municipal parmi les membres qui le composent. Ils ressortissent au département ministériel de l'Intérieur en tout ce qui concerne l'ordre public et l'intérêt général. L'action de l'autorité ne peut être entravée par leur refus : une loi détermine des pénalités.

Dans les communes de moins de 40,000 âmes, les élections municipales ont lieu au suffrage direct.

Tout dépositaire de l'autorité publique est responsable.

Deux nouveaux ordres sont créés : l'ordre de Charlemagne et l'ordre de Henri IV.

Charlemagne est une de nos plus grandes figures historiques. Son épée signifie boulevard, puissance nationale. Elle est comme l'emblème des grands dévouements et des actions patriotiques. Une épée enrichie, portée en sautoir, sera le signe distinctif des membres de l'ordre dont le nombre est fixé à vingt. L'ordre est exclusivement national. Les nominations sont faites à la présentation du Roi, en vertu d'une loi. Le titulaire jouit d'une dotation viagère de 10,000 francs, réversible sur sa veuve et ses enfants mineurs.

Henri IV a laissé un nom cher à la France, parce qu'il avait le génie, l'honneur et le cœur français. L'ordre sera honorifique et à la nomination du Roi. Il est conféré aux grands services civils et militaires par ordonnances motivées. Il a pour signe distinctif une croix enrichie portée en sautoir au bas de la poitrine. Cette éminente distinction peut être accordée aux étrangers comme témoignage de haute considération ou comme récompense de services rendus à l'humanité. La loi de finances fixe le nombre des décorations à accorder chaque année.

Le Mans. — Typographie Ed. Monnoyer. — Janvier 1872.

www.ingramcontent.com/pod-product-compliance
Ingram Content Group UK Ltd.
Pitfield, Milton Keynes, MK11 3LW, UK
UKHW021709090726
13657UKWH00005B/2144

9 782019 706302